KB269483

주님을 바라보며

최정희

인류 역사상 가장 놀라운 일은 영원불멸의 존재이신 주, 하나님께서 성육신 하셔서 이 땅에 오시고 인간의 짐과 고통을 죄와 함께 짊어지시고 구속의 사랑으로 십자가에 못 박히어 돌아가신 일일 것입니다.

흔히 기독교는 체험의 종교라고 하듯이 많은 기독교인들은 살아가며 크고 작은 간증거리들이 많이 있을 것입니다.

그런 분들과 비교하여 특별히 뛰어난 것도 아니겠으나 그동안 믿음 생활을 통해 기도하고 응답받아 기쁨을 맛 본 사실들과 생생한 체험을 전하고 싶어 여러 모로 부족한 자신을 알면서도 감히 필을 들었습니다.

십자가의 의미를 마음 속 깊이 깨달으면 깨달을수록 여러분들에게 전하지 않을 수가 없어 많은 이야기 중에 몇 가지만 아뢰오니 주님의 십자가에 나타난 절대적인 사랑을 맛보시어 기쁨과 평안을 누릴 수 있기를 간절히 바랍니다.

이 책을 내도록 용기를 주신 인천산성교회 이천수 목사님과 한사랑 교회 김한식 목사님께 감사드리며 또한 원고를 정리, 편집해 준 큰 딸과 손주 태훈, 도훈 군에게 고마움을 전하고, 무엇보다 하나님께 감사와 찬양을 올립니다.

■ 차 례

1. 서울에서 가까운 지방

나는 경기도 수원에서 유복한 집의 2남 3녀 중 셋째 딸로 태어났다.

그 당시에는 동네에 지주(地主) 한 명이 많은 소작인을 소유하고 있었고 소출을 나누어 가졌다. 배움(교육)도 학교가 많이 없어서 집에 사랑방을 개방해서 독선생을 두고 공부하는 시대였다. 남녀의 차별도 있어서 남성은 공부를 많이 시켜도 여성은 별로 학교에 보내지 않았다. 그러나 우리 부모님께서는 서울 혜화동에 집까지 장만하시고 원하는 자손들은 끝까지 공부할 수 있도록 뒷바라지해 주셨다. 매번 우등상장과 개근상장을 타다 드리면 비록 딸이지만 귀히 여기시었다.

국민학교(지금의 초등학교)를 졸업하고 서울에 상경해서 순조롭게 公立고등학교와 대학까지 가게 되었다. 그 당시에는 여자가 대학까지 가게 되는 것이 드문 일이어서 여학생을 구경하러 오는 사람들도 있었다.

2. 일본 식민지시대

일본의 침략적인 제국주의가 맹위를 떨치던 그 시절- 일본은 전쟁을 할 때마다 이기며, 일본 천황을 신으로 섬기고 주위의 나라들을 그 황국 시민으로 만들려고 혈안이 되어있었다. 팔방일우(八方一宇:사방팔방까지도 한 지붕)라는 슬로건을 앞세우고 침략 전쟁에 지칠 줄을 몰랐다.

그 시절, 일제가 망할 것이라는 생각을 가진 자는 드물었다. 억압과 수탈에 기반을 둔 비정상적인 체제로서 세계 정복의 야욕은 우리나라에서 그 정점에 달했다.

우리 국민들은 초등학교 삼학년 까지만 우리말을 배울 수 있었고 4학년부터는 일본어를 억지로 배우며 언어까지 억압당하였다.

드디어 그들은 대동아전쟁까지 하기에 이르렀고 비로소 세계정세에 눈이 뜨이고 패전되는 마지막까지도 환상의 꿈을 놓지 않았다.

그러나 아무리 긴 터널도 끝은 있었다.

만주와 중국, 우리까지도 속국으로 생각하고 기세등등하던 일본도 大東亞戰爭 당시 B-29 원자폭탄 세례를 받으며 끝이 났다.

3. 내가 겪은 8.15

현 신세계 백화점(본점) 4층에서 있었던 일이다.

고등학교 졸업반 때 우리들은 여전히 일본에 속해서 근로봉사라고 하는 군복 만드는 일을 돕고 있었다. 웬일인지 사무실에 일본인 선생들이 라디오 앞에 모여 심히 애통하며 눈물까지 흘리면서 서러워하고 있었다.

우리들보다 세상일에 밝은 공장 직원들이 -'일본이 항복하고 전쟁은 끝이 났다! 우리 한국은 바야흐로 일본에서 헤어 나와 독립국가가 되었다!'-는 것이었다.

갑자기 듣는 놀라운 소식에 어리둥절해 있는데 밖을 내다보니

'대한민국 만세! 독립 만세!' 라는 현수막과 함께 의복을 갈아입은 사람들이 기쁨으로 소리 지르며 행진하고 있는 것이 보였다.

마음을 가라앉히고 감상문이라도 써보려 했으나 대부분 일본말로만 생각나고 우리 한국어로 쓰려고 애써도 삼분의 일 정도밖에는 쓰지 못하였다.

亡國의 서러움은 이런 모습으로도 나타나는 것이었다.

그 후, 과도기라 해서 육 개월 후에 졸업을 하였고 일본인 선생들은 남김없이 귀국했으며 나는 미국인 선교사가 설립한 기독교 학교인 이화여자대학교에 들어가게 되었다.

일본의 공립학교의 교육은 自我를 한껏 키워주는 교육으로, 황국시민으로서의 긍지를 가지고 살아야 된다며 자존심만을 키워가는 교육이었었다. 특히 기독교와 다른 종교에 대해서는 알 수도 생각할 수도 없는 편벽된 교육으로, 다만 일본 천황의 시민으로서의 충성심만 주입시키는 것 뿐이었다.

그러나 대학에서의 교육은 우리들의 생각을 크게 바꾸어 놓았다.

그 곳에서의 환경과 세계는 예전의 그것을 초월한 윤택한 빛의 세계였다.

4. 새로운 세계

그 당시의 신촌은 지금보다 극히 규모가 작은 연희대학과 이화대학이 덩그러니 서 있었고, 논과 밭 사이로 경의선 철로길이 있는 시골의 모습이었다. 아현동 버스 정류장에서 시작되는 언덕길을 20분 정도 걸어 올라가야 학교에 도착했다.

이화여자대학의 초대 총장이신 김활란 박사는 믿음이 매우 좋으신 여성 지도자이셨다. 스스로 하나님의 계시를 받아 미국 유학까지 가셔서 공부하시고 훈련 받고 오신 분이시다. 한 평생, 결혼도 하지 않으시고 여성 교육을 위해 일생을 바치신 건 누구나 아는 사실이다.

총장님과의 만남은 우리들에게 큰 행운이었다. 세계 각국으로 흩어져서 활동하는 이화인 들은 모두 김 총장님의 영향을 받아 두각을 나타내고 있는 것이다. 우리들도 일주일에 한 번씩이지만 대강당에서 전교인들이 모여 총장님의 강의를 들었다.

그 말씀의 내용은 이화인 들의 좋은 모범이 되었고 오래도록 기억에 남아있게 되었으며 신의 성품에 참여할 수 있도록 이끌어주었다.

일본의 단일한 교육에서 헤어난 우리들은 갑자기 넓은 바다에 나온 것 같아 놀라움도 없지 않았지만 큰 혼란을 겪지 않고 인생의 참 의미를 찾아 나섰다. 더욱 우리 삶의 목적과 정체성의 다양함을 느끼고 새로워지고자 하는 열망이 솟아났다.

1946년부터 1950년까지의 대학생활은 나의 삶의 황금기였다. 경험삼아 1년 정도 기숙사 생활을 해보겠다는 의견을 쾌히 승낙해주신 부모님의 은혜로 시작한 기숙사 생활은 결국 졸업할 때까지 하게 되었다. 백지장 같은 내 영혼에 하나님의 말씀이 들어오기 시작한 것이다.

새벽예배를 시작으로 하루가 시작되는 기숙사 생활! 날마다 부르게 되는 찬송은 너무나도 아름다운 선율과 함께 나에게 곡조 있는 기도가 되었다. 일본 치하에서 받은 교육은 어느 틈에 점점 잊혀지게 되었고, 세상을 바라보는 새로운 가치관이 움트기 시작했다.
어둠을 비추는 빛 안에서 사망을 이기고 그 권세에 대항할 수 있는 생명! 그리스도의 능력으로 모든 증오를 녹여버리는 사랑! 등…….

5. 6.25 전쟁

1950년 6월은 유난히 화창한 달이었다. 학교 졸업 후 미처 한 달도 되지 않은 그 날은 주일이었다. 예전과 같이 편안하게 지내고 있었는데 오후가 되자 군용차가 시내를 돌아다니며 다급하게 방송을 했다.
"모든 장병들은 부대에 속히 복귀하라."
"비상사태가 발생했다."
무슨 일인가 하고 큰 길로 나가 보았더니 오고가는 사람들이 점점 많아졌다.
"피난민들이 내려오고 있다." 고들 얘기했다.
도무지 알 수도 없고 이해할 수도 없는 이야기들이었다. 무슨 일인지도 모른 채 집에 돌아와 알아본 즉, 북한이 갑자기 쳐들어와서 미처 막지도 못한 채, 남쪽으로 피난하기

위한 시민들이 정처 없이 내려오고 있다는 소식이었다.

우리는 짐을 쌀 여유도 없어 그대로 집에 남기로 하고 마당 한 곳에 있는 장독대 지하실을 치우고 대피소로 쓰기 위해 식구가 다 모여 있었다. 한 사람만 소식을 알기 위해 지상에 남아 있었다. 피난민들은 계속 남하하고 벌써 인민 군들이 전쟁용 탱크를 몰고 들어왔다. 순식간에 상상조차 하지 못했던 일이 벌어졌고 그런 중에도 하룻밤은 무사히 지났는데, 아침에 생판 모르는 사람이 찾아왔다. 여맹에서 나왔다 한다.

이 집에 대학 나온 여자 분이 있다는데 여맹에 나와서 사무를 도와달라는 것이었다. 여맹은 동네에서 가장 큰 집 을 비우게 하고 사무실로 쓰고 있었다. 참으로 어이가 없 는 일이었으며 동네의 환경은 완전히 바뀐 것이었다. 듣고 보니 군인이나 경찰들은 그 가족들까지도 모두 총살당하고 그 외에도 이렇게 저렇게 죽은 자들도 많았던 것이다.

우리들은 식구들 중에서 남하할 수 있는 자들만이라도 내려가기로 하고 주먹밥을 간단히 싸가지고 스산하게 피난 길로 나섰다. 피난길에 나와 보니 큰 길은 등과 머리에 짐 을 진 피난민들로 가득 차 있었는데, 마음대로 걸을 수도 없을 정도였다. 그저 한 걸음씩 뒤따라가는 행진이었다.

30분 정도 지났을 때 대학병원 옆을 지나게 되었는데 그 넓은 마당에는 시체들이 산더미가 되어 쌓여있었다. 어 떻게, 어찌해서 우리가 이렇게까지 당하게 되었을까 하는 궁금증 뿐, 하나님을 찾을 여유조차 없었다.

'휴---빵'하는 소리만 나면 눈과 머리를 가릴 뿐 어느

쪽 폭격기인지 알아 볼 기운도 없었다.

　한강에 도착해서 본 즉, 다리는 이미 폭격으로 없어지고 가득하게 모인 사람들이 쉬지 않고 위아래로 지나가고 있었다. 그래도 우리 일행은 다행히 고향이 가까워서 아직은 발걸음이 가벼웠다. 주위를 살펴본 즉, 폭격당한 북쪽 탱크들이 많이 쓰러져 있었다.

　나중에 고향 집에 돌아와 보니 그렇게 넓은 집도 빈틈 없이 피난민들로 가득하고 작은 짐이나마 풀기도 어려웠다. 50명도 넘는 사람들이 안채, 사랑채, 행랑채 할 것 없이 가득하게 모여 있었다. 한 가지 달라진 것은 집 안의 일을 돕던 일꾼들이 빨간 완장을 차고 반장노릇을 하고 있었던 것이다. 집주인인 우리 아버님께서는 평소에 농민들을 착취한 죄인으로 취급되어 놀랍게도 죽일 수 밖에 없는 명단에 기명되었다고 했다. 참으로 원통하고 억울한 여러 가지 일들이 벌어지고 있었던 것이다.

　감사한 것은 우주 만물을 다스리시고 주관하시는 하나님께서 우리민족을 건지시고 결국은 전화위복으로 이끌어 주신 것이었다.
　힘없는 자, 핍박받는 자, 약한 자를 눈동자같이 살피시는 분은 졸지도, 쉬지도 아니하시는 분!
　우리 백성을 보호하시기 위해 이승만 박사에 소명주시고 맥아더 장군 등을 보내주시어 환난에서 건져주신 것이었다.

6. 까맣게 잊고 지냈던 하나님

그다지 원하던 결혼은 아니었지만(학교에 남아 학업을 계속하고 싶었으므로) 부산 피난시절에 인연이 되어 생각지 않게 성공한 사업가였던 남편을 만나게 되었다. 결혼 후 누리던 부유한 생활은 하나님을 잊게 하기에 충분했고 경제관념이 투철하지 못했던 나는 항상 그런 생활이 유지되는 것으로 알고 앞날을 전혀 예측하지 못했다.

국민 대부분이 어려움에 처해 있던 그 시절-주위를 전혀 돌아보지 않고 나만 배불리던 삶이 하나님의 노를 샀다고 해야 할까…….

승승장구하던 사업은 문어발 식 확장으로 일시에 부도를 맞게 되었다. 워낙 생활력이 강한 남편은 식구들을 굶기거나 집 없는 설움을 겪게 하지는 않았으나, 너무 거창하게 시작했다가 줄어드는 상실감은 한창 사춘기이던 아이들에게도 적잖이 영향이 되어 여러 가지 모습으로 나타났다. 인간은 역경을 통해서 하나님 품에 안기게 되고 교만한 길에서 돌이킬 수 있는 기회를 얻게 되는 것이다. 참으로 하나님의 뜻은 사람의 생각을 초월하는 것이다.

"너희는 여호와를 만날 만한 때에 찾으라 가까이 계실 때에 그를 부르라

악인은 그의 길을, 불의한 자는 그의 생각을 버리고 여호와께로 돌아오라 그리하면 그가 긍휼히 여기시리라

우리 하나님께로 돌아오라 그가 너그럽게 용서하시리라 이는 내 생각이 너희의 생각과 다르며 내 길은 너희의 길과 다름이니라 여호와의 말씀이니라

이는 하늘이 땅보다 높음 같이 내 길은 너희의 길보다 높으며 내 생각은 너희의 생각보다 높음이니라"

(이사야55:6~9)

7. 하나님, 나의 아버지

하나님과 멀리 멀리 떨어져 있던 나는 큰 딸의 중학교

입시(그 당시는 대단한 경쟁이었음) 직전 친한 친구들과 용하다는 점집을 찾아 가게 되었다.

친구들의 아이들은 다 합격할 것이고 나의 딸만 불합격할 것이라고 하였다. 나의 딸을 하나님의 자리에 놓고 우상 단지로 섬기고 있던 나는 끙끙 앓아 눕다싶게 되어 아무 것도 손에 잡히지가 않았다.

이 때 나를 흑암에서 빛으로 이끌어주신 분이 계셨다. 큰 딸의 친구의 어머니로서 현재까지 종로구 경복교회를 섬기시는 노성죽 권사님이시다. 남편 분은 장로로 기억된다. 나에게 성경책을 선물하시며 함께 새벽기도를 하기를 설득하셨다.

그 때부터 시작한 새벽기도는 게으른 생활을 벗어나게 해주었고 삶의 활력소가 되었으며, 하나님은 내 기도에 응답해주셨다.

------------- * -------- * -------------

그럭저럭 교회 생활을 하면서 진리의 깨달음으로 기쁨을 느끼며, 세상보다 저 높은 곳을 바라보려고 애 쓰고 있을 때였다. 1977년도인 것으로 기억된다.

한 밤중에, 아마도 4시경일 것이다. 깊은 잠을 자고 있던 중에 어떤 음성이 뚜렷하고 크게 들려왔다.

"--잉---까---네---이---손------"

아주 부드럽고 솜사탕처럼 달콤한 음성이었다.

어렸을 때 아버지께서 진지를 드실 때마다 막내딸이라

고 귀엽게 여기시며 "정희야--" 하고 부르시던 그 음성
과 아주 흡사한 인자함이 느껴진다고 할까…….
　아마도 영어 단어인 것 같았다.
　뜻도 스펠링도 몰라 여러 날 입으로만 되뇌다가 나중
에 알아보니,
　기독교 최대의 사건이라 해도 과언이 아닌 "성육신"
사건 (incarnation: 하나님이 인간이 되사 육신을 가진
존재가 되셨다. 그리스도께서 육을 입으시고 사람의 모습
으로 나타나신 사건)이었다.

　"말씀이 육신이 되어 우리 가운데 거하시매 우리가 그
영광을 보니 아버지의 독생자의 영광이요 은혜와 진리가
충만하더라" (요한복음1:14)

　"본래 하나님을 본 사람이 없으되 아버지 품속에 있는
독생하신 하나님이 나타나셨느니라" (요한복음1:18)

　하나님께서는 사모하는 자에게 로고스 하나님을 나타
내주신 것이다.
　참으로 감사하고 놀라운 사건이었고, 보잘 것 없는 나
에게 다시 한 번 신앙을 업그레이드할 수 있는 진리의
보화를 전해주신 것이었다.

--------------- * --------- * -------------

　그 즈음에 한얼산 기도원에 가끔 갔는데 같은 기도방
에서 어떤 빼빼 마른 성도가 소화가 안 돼 무엇을 먹을

수도 없다며 하소연을 하였다. 나는 다른 기도제목과 함께 그 성도에 대해 힘껏 기도했다. 기도하던 중 머릿속을 스쳐가는 환상이 보였다. 하얀 굵은 실뭉치 같은 것이 뭉쳐져있는 것이었다. 아마도 뱃속의 회충 같은 것이 아닌가 하여 회충약을 사다 드렸다.

놀랍게도 그 믿음은 적중했다. 그 성도는 단 하루 만에 증상이 좋아져 나에게 감사하다며 돌아갔다.

------------ * -------- * ------------

우리나라에는 70~80년대 교회가 폭발적으로 부흥하였고 한 번은 친한 친구의 교회(당시 노량진 D교회)에서 하는 성경 공부에 참석한 적이 있었다.

웬만한 교회의 목사님은 저리 가라할 정도의 여자 전도사분이 하는 약 열 흘 간의 공부는 참 달고도 오묘했었다.

그러던 중 어느 날 그 전도사께서 하시는 말씀이 '내가 공부 가르친 시간을 녹음했는데, 어떤 날은 방언으로 녹음이 되었다. 그런데 그 날들은 최정희 권사가 참석한 날이었다.'고 하였다.

무슨 영문인지 무슨 은혜인지 모를 일이었고, 정확한 근거는 없으므로 자랑할 일은 아니었다고 생각된다.

------------ * -------- * ------------

평소 후각이 예민하지 않은 나는 무슨 은혜인지 80년대 즈음부터 냄새로 영을 분별하는 은사가 느껴지기 시작했다.

어느 집에 가건 각기 다른 향기가 느껴졌다.
혹은 백합화 향기, 혹은 참기름 냄새 등 ---
물론 좋지 않은 냄새도 없지 않아 있었지만 꾀 오랜
동안 지속되었다.
하지만 아무에게도 나타내지 않고 혼자서만 감지하고
있을 뿐이었다.

8. 남편의 부끄러운 구원

남편의 반신불수……

90년대 들어 나에게 육신적으로 가장 힘든 시기가 찾아
왔다. 하나님께서는 뜻이 있으셔서 나의 삶에 어려운 환경
을 겪게 하시고 나로 하여금 많은 것을 깨닫게 하셨다. 그
짧지 않은 기간을 만사를 제쳐 놓고 오로지 간병에 힘썼
다. 시어머니께서는 절의 보살이셨고 불경을 빠짐없이 암
송할 정도의 신자이셨다 한다. (북에 계셔서 만나 뵙진 못
했으나……)

평상시에 함께 교회에 가자고하면 '모든 종교는 결국은
같은 것'이라면서 가기를 거부하셨던 남편이었다.

그러나 하루도 빠짐없이 드린 기도가 상달되었는지, 너
무나도 지루한 투병생활 속에서 헤어나고 싶어서였는지,
남편은 드디어 - 생의 마침표를 찍기 바로 전 - 교회에
함께 참석하게 되었다. 주일이면 한 번도 빠지지 않고 교
회에 출석했고, 금요일마다 철야기도도 하였으며 성도로서
의 훈련이 시작된 것이었다.

그 동안 나는 남편의 이름으로 정성껏 헌금했다.

봉헌하기 전에 간절히 기도했고, 때로는 작정한 금액이
모자라는 때도 있었지만 기도하면 어느 누구를 통해서라도
준비되었던 것도 신기한 일이었다.

그러던 중에 교회 생활도 자리가 잡히고 믿음의 확신도
생기시고 세례도 받으셨다. 그 후 가족들이 한 자리에 모
인 때에 그리스도를 영접하셨고 집사 직분까지 받으셨다.

자녀들은 각기 다른 교회에 다녔지만 믿음 안에서 하나
였다.

9. 1995년도 어느 날 뜨레스띠아스(Dres Dias) 에서 겪은 일

우리말로 '2박 3일'이라는 뜨레스띠아스 모임은 전도하
기 위해서 여러 곳에서 많이 주최되며 성행하고 있었다.
뜻을 같이 한 크리스챤 선배들이 회원이 되어 새 신자
분들을 위해 주어진 기간에 사랑으로 봉사하였고 많은
분들이 전도되었다. 나도 회원이 되어서 집 앞 한사랑 교
회에서 주최하는 뜨레스띠아스에서 여러 번 봉사했다.

한 번은 YMCA 간사로서 기도 많이 하시고 유명하셨
던 분께서 우리 교회에서 주최하는 모임에 오셨다. 기도
실에서 봉사를 하고 있는데 그 간사님께로 사람들이 모
여들고 있었다. 나도 어찌하여 기도 받을 수 있는 기회를
얻게 되었다. 차례가 되어서 어느 교회 누구냐는 질문에
대답하고 앉았다. 머리에 손을 얹으시고 처음에 방언으로
기도하신 후 방언 통역을 해 주셨다.
'사랑하는 딸아! 네가 어려운 중에 헌금한 것을 내가
열납하였다. 너는 나의 사랑을 전하기 위해 외국에 나가
게 될 것이다.'
나는 잠시 멍했다가 정신을 차렸다. 참 놀랍고도 신기
했다.
벌써 몇 년이 지난 일인데 하나님께서는 모든 일을

알고 계신 것이다.

'영이신 주 하나님께서는 無所不在하시어서, 이 우주에서 일어난 사건들을 전부 알고 계시는구나!' 하고 다시금 깨달았다.

주님께서는 영이심으로 우리 육의 눈으로는 볼 수가 없으나 빛으로 생명으로 그리고 사랑으로써 그 분의 존재를 우리가 느끼고 기뻐할 수 있게 해주신다.

10. 日本에 선교사로 파송되다

보이는 것은 잠깐이요 보이지 않는 것은 영원하다. 이 영원한 세계는 신비한 세계, 바로 신의 영역이다.

우리가 볼 수 없는 것은 우리가 볼 수 있는 것보다 더 실제적이라고 성경에 씌어 있다. 우리는 이 地上에서 살고 있지만 우리가 볼 수 없는 영적 세계도 있는 것이다.

그 후 교회에 다니던 중 담임목사이셨던 김한식 목사님과 여러 가지 선교에 관한 것들을 의논한 후 동의를 얻어 파송장을 받기에 이르렀다. 결국 나는 자식들의 반대에도 불구하고 성령님의 강권적인 도움으로 1996년 1월에 일본 선교를 위해 파송되었다.

(그 후 약 10년 2개월이 지나 귀국하게 되었다.)

처음에는 겁도 나고 내가 어떻게 해낼 수 있을까 걱정도 되었으나, 남편과의 사별 후 허전해진 마음과 몸을 하나님 나라 확장을 위해 바치기로 결심하게 되었다.

하나님께서는 우리의 삶에 계획과 목적을 가지고 역사하신다. 사람답게 살 수 있도록 계시하시고 말씀으로 이끌어주시고 목적을 이루시기 위해 훈련시키신다.

"수고하고 무거운 짐 진 자들아 다 내게로 오라 내가 너희를 쉬게 하리라. 나는 마음이 온유하고 겸손하니 나의 멍에를 메고 내게 배우라 그러면 너희 마음이 쉼을 얻으리니"　　　　　　　　　　　(마태복음10:28~29)

11. 나의 등 뒤에서...

갑자기 파송이 결정된 나는 비젼보다는 황당함이랄까, 두려움이 앞서 기도에 전념했다. 일본 통치시절에 억지로 배웠던 일본어를 밑천으로, 국민 모두가 미워하는 그 나라에 선교하러 간다는 것은 참 아이러니컬한 일이 아닐 수 없었으나 '하나님의 뜻 안에서 모든 것이 합력하여 선을 이룬다'는 로마서의 말씀이 크게 와 닿았다.

일찍이 다메섹 도상에서 빛으로 나타나신 주님- 청년 사울을 불러 세기적 전도사 <사도 바울>이 되게 하신 주님께서 마른 막대기와 같은 이 비천한 종을 택하신 것이라고 생각하니 부끄러운 마음까지 들었다.

'주여, 생소한 일본 땅에 가서 좋은 동역자를 만나게 해 주시옵소서…… .
담대함으로 일을 감당케 해 주시옵소서
헛된 발걸음이 되지 않게 도와주시옵소서.'

떠나기 전까지 매달리듯이 모든 것을 주님께 아뢰었다. 성령께서 인도해 주시리라 믿고 안정을 찾았으며, 드디어 초청장을 받고 떠났다.

길을 걸을 때나 어느 때나 나의 입에서는 '일어나 걸어라'라는 찬송이 떠나지 않았다.

'나의 등 뒤에서 나를 도우시는 주
나의 인생길에서 지치고 곤하여
매일처럼 주저앉고 싶을 때 나를 밀어 주시네
일어나 걸어라 내가 새 힘을 주리니
일어나 걸어라 내 너-를 도-우리'

한사랑교회에서 주최한 행사에 친언니 두 분과 남동생
내외가 참석했다 아래사진 가운데가 김한식 목사님

뜨레스디아스에 참석한 일본인과 김한열 권사님

12. 귀한 동역자들

일본은 한 교회에 10名이나 많아야 30名 정도인 곳이
많을 정도로 교인 수는 미약하였다. 하지만 그 한 사람 한
사람은 매우 높은 수준의 신앙을 가지고 있었다. 또한 그
당시 한국에서는 접할 수 없었던 수준 높은 신앙 서적은
책을 좋아하는 나에게는 부러움의 대상이었다.

800만의 신을 믿고 있는 나라(야호요로즈노가미) - 지
방에서 別世하신 훌륭한 분이라든가 국가의 공로자까지도
신으로 모시는 나라이어서인지 한 사람 전도하기가 극히
어려웠다. 세계 제일의 선진국이라는 자존심을 가지고 좋
은 환경에서 사는 것이 믿음을 갖기 어렵게 만드는 요소도
되는 것 같았다. 그럼에도 불구하고 내 마음의 찬송가 가
사 대로 主님은 내 곁에 서서 나에게 힘을 주셨다.

잊을 수 없는 홍성연 권사!

남의 땅 일본에서 제일 먼저 동역자로 알게 해 주셨다. 처음에 모든 것이 서먹하고 어디가 어디인지 모르는 나에게, 일본에서 다년 간 살았고 오랜 기간 교회에서 봉사를 하고 계셨던 홍 권사는 겪으면 겪을수록 분명히 주께서 기도 응답으로 주신 훌륭한 동역자였다. 결혼 후 얼마 안 되어 남편을 빼앗기고 자식도 없이 홀로 교회 일만 하는 진실한 친구였다.

아마도 그 때 그 분을 만나지 못하였더라면 아무 일도 하지 못하고 말았을 것이었다. 계속 함께 생활하면서 나에게 큰 도움을 주셨다. 나이도 성격도 비슷해서 10年 知己가 따로 없었다. 서로의 부족함을 메워가며 한국에도 함께 왕래했다.

시기에 맞추어서 선처해주시는 주님은 믿는 자들의 사소한 일도 알고 계실 뿐 아니라, 뜻을 이루시는 분이심을 다시금 깨닫게 되었다.

동경에서는 김한열 권사님께서도 나타내지 않고 뒤에서 많은 일을 하고 계셨다. 동경의 김 권사님을 모르면 이상하다고 할 정도로 한국에서 일본에 주의 일을 하러 오시는 분들은 거의 빠짐없이 그 분의 신세를 지게 마련이었다. 거의 한 평생 온갖 고생 다 하시면서 이뤄낸 토대에서 참으로 보이지 않게 좋은 일을 많이 하시는 분이셨다. 큰 주택을 지니시고 방도 많고 윤택하셔서 여러 믿는 자들에게 많은 도움을 주셨다. 한국에서 C.C.C.목사님들을 모셔 와서 개척교회도 하셨고, 홍 권사와 나는 그 덕에 얼마간 살면서 함께 일하기도 했다.

우리도 덕분에 많은 목사님들과 선교사님들을 알게 되었고 발이 넓어졌다. 온누리 교회 하용조 목사님도 그 댁에서 만나 뵈었는데, 나에게 성경책 속의 주석 해설 번역을 의뢰하셨다. 너무나 과분한 일이라 '과연 내가…….' 라고 생각했지만 인정받아서 기뻐하던 중, 그 교회 분들이 '국제 결혼한 목사님들이 계신데 왜 다른 분에게 맡기셨는지 모르겠다.' 는 말에 자극이 되어, 결국 목사님께 순종치 않는 죄를 범했다.

하지만 나중에 생각해보니 나로서는 역부족인 일이었고 일을 맡지 않게 된 것도 성령님의 도우심이었으며, 단지 하 목사님의 인정을 받았다는 자체만으로도 영광을 이미 받은 것이었다.

일본에 가서 큰 도움을 받은 홍성연 권사님

13. 잊을 수 없는 일

그 동안 한국에서는 IMF가 터졌고, 처음부터 자비량 선교사였던 나는 집에서 넉넉히 오던 송금이 줄어들게 되었다. 문서 선교와 통역하는 일로 한창 바쁠 때, 환율이 높은 그 곳에서 매우 어려움을 겪게 되었다. 이유를 막론하고 사단의 선교 방해로 생각하고 기도하면서 일주일 정도 지났는데 국제전화가 왔다.

오래되어 거의 잊고 지내던 김 집사였다.

"그 동안 미국에서 아빠도 귀국하여 잘 지내고 있어서 전에 일본 가실 때 주고 가신 돈 지금 송금하고 왔어요."

라는 것이었다.

"그것은 꾸어드린게 아닌데......." 하면서도 놀라움을 금할 수가 없었다.

김 집사는 여러해 전, 일본에 오기 바로 전에 이웃에서 친하게 지내던 교인으로, 남편이 미국으로 유학을 가고 두 아들을 홀로 양육하면서 열심히 사는 매우 기특하고 훌륭한 분이었다. 부족한 나에게 한결같이 자상하게 대해 주셨고 서로에게 일이 생길 때마다 위로를 주고받으며 살았었다.

일본에 선교 차 떠날 때 조금 여유가 있었기에,

집사님 사정을 알고 있었던 나는 약소하지만 약간의 생활비를 넘겨드리며 '이것은 갚을 생각 마시고 아이들하고 쓰세요.' 라고 신경 쓰지 않도록 당부했었던 것이다.

　하나님께서는 우리들이 일상생활을 하는 중에 알게 모르게 이웃에게 사소하나마 긍휼을 베풀었던 일을 반드시 갚아주신다.

　나에게는 광야 생활이었던 그 시절이 무슨 일을 당하든지 기도하고 응답받으며 사는 엄청난 축복의 기간이었다. 성령님의 강한 역사를 눈으로 보고 체험하는 좋은 기회가 되었던 것이다.

일본에 있을 때 외로움을 달래 주던
친손녀 도연 주연 사진

14. 교회 안에서도

교회 안에서도 시기와 질투의 영으로 어려움을 겪을 때가 있다.

한 번은 생각지도 않은 오해로 적잖게 괴로워하고 어찌할 바를 몰라 어려운 상황 속에서 시달리고 있었다. 그러던 어느 날, 한 달 가량 전에 나에게서 별로 많지도 않은 돈을 꾸어간 분이 와서 하는 말인 즉

'사정이 여의치 않아 반환치 못 할 사정이라 미안하다.'는 것이었다.

나도 실은 그것을 꼭 받아야겠다는 생각은 하지 않고 있었다. '나도 타국에 와서 어려울 때가 많았기 때문에 그것을 갚지 않으셔도 된다.'고 했었다.

그 분이 일주일쯤 후에 다시 찾아왔다.

'실은 큰 교회에서 통역하실 선교사가 급히 필요한데 혹시 가실 수 있겠는지?' 꿈에 선교사께서 나타나셨기에 혹시나 하고 와 봤다는 것이었다.

참으로 신기한 일이었다. 그 당시 사정으로는 교회를 옮겨야겠다는 마음이 있었으나 아무에게도 말 한 적이 없었고 혼자만 생각하고 있었던 일이었기 때문이었다.

주님의 오묘하신 섭리에 다시 한 번 놀랍고 감사했다.

성령님은 이렇게 꿈에 나타나게까지 해서라도 믿는 사람들을 살리신다는 것을 다시 한 번 느꼈다.

살리는 것! 이것은 성령님의 사역이다. 또한 생명이다.

교회에서 오고가던 오해가 완전히 풀린 후 10日쯤 더 일하다가 이사했다. 성령께서 하시고 싶어 하는 일에 열심을 다하면 거기에 살아나는 역사가 있었다.

"오직 하나님이 성령으로 이것을 우리에게 보이셨으니 성령은 모든 것 곧 하나님의 모든 것까지도 통달하시느니라

사람의 일을 사람의 속에 있는 영 외에 누가 알리요 이와 같이 하나님의 일도 하나님의 영 외에는 아무도 알지 못하느니라

우리가 세상의 영을 받지 아니하고 오직 하나님으로부터 온 영을 받았으니 이는 우리로 하여금 하나님께서 우리에게 은혜로 주신 것들을 알게하려 하심이라"

(고린도전서 2:10~12)

한사랑 교회에서 파송된 선교사들과 함께

일본의 한 기도원에서 신도들과 함께

15. 이바라기에서 생긴 일

이바라기(현) 가와다 주택은 4층으로 방이 2개 있었는데 살기에는 불편이 없었다. 그러나 그 당시 성경공부를 하는 데는 방이 하나 더 있었으면 하는 바람이 있었다. 방이 둘이 있었지만 문이 없이 미닫이로 되어있어서 문을 열어놓고 겨우 한 가정이 넓게 쓰게 되어 있었다.

어느 날 목사님께서 심방을 오신다 하여 길 건너에 있는 상점에 들렀다가 오는 길에 가볍게 접촉사고를 당하였다.

어느 가정부인이 차를 급하게 몰고 오는 바람에 부딪쳐서 다리를 조금 절룩이게 되었다. 부인에게는 별 것 아니라고 안심시켜 보냈지만 여러 날을 4층에 오르내리기에는 매우 불편했다.

보다 못해 교회 사모님께서 시약소에 신청해서 1층이나 2층으로 이사하도록 하는 것이 좋겠다고 하셔서 병원에서 진단서를 받아가지고 신청했다.

바로 이틀 만에 1층으로 가서 보고 결정하라고 열쇠를 주었다.

가서 본 즉 방도 셋이나 되고 훨씬 넓은 집이었다. 제자 양성을 위해 방 하나 더 있기를 바랐던 기도는 미처 하지도 않았는데 1층에, 그것도 방이 하나 더 있는 곳으로 이사하게 되었다.

성령님은 그 어떤 것보다도 예수를 모르는 사람이 예수를 믿고 구원받는 것에 관심을 갖고 계신다.

무엇보다 방이 하나 더 있는 집을 주신 것은, 앞으로 적극적으로 전도하려는 생각을 귀히 여기셔서 생각보다 빨리 준비해 주신 것으로 여겨졌다.

성령께서는 그리스도인에게 능력을 주신다. 이것은 하늘의 능력이다. 성령께서 주시는 능력은 성경에 은사로 표현되어 있다.

은사는 성령께서 하고 싶어 하시는 일을 할 수 있도록 주시는 놀라운 능력이다. 즉, 은사란 살리는 일을 잘 하라고 주시는 능력이다.

새로 일하라고 주신 1층에서 거의 7-8년 동안 쉬지 않고 찾아오시는 분들을 성심껏 전도했다.

겉 사람보다 중심을 보시는 주님께서는 성령 받은 사

람들의 공통적인 특징 여부를 구분하신다. 도덕적으로 완벽한 사람으로 변화되지는 않았어도, 언제나 능력을 행하지는 않아도, 하나님의 신이 임한 그들의 인생은 다른 사람들의 인생과 구분하시고, 우여곡절을 겪는 인생 속에서도 항상 하나님의 사람으로 구분된 인생을 살게 하신다.

"나를 사랑하는 자들이 나의 사랑을 입으며 나를 간절히 찾는 자가 나를 만날 것이니라" (잠언8:17)

이바라기에 살 때 사랑을 주고 받았던 꽃

이바라기 한 교회의 성도들과 함께

16. 제자들과 은인들

가와다 주택 1층으로 이사한 후에는 성경 공부 교실이 많이 번창하였고 다른 교회의 성도들도 계속 오게 되었다. 한사랑 교회에서 나오는 '성경공부 양육과정9단계'를 교재로 하되 창세기 1장에서부터 일주일마다 5장씩 읽고 묵상하기로 했다.

주제는 〈위를 바라보고 삽시다〉로 했고, 화교인 김영기씨를 비롯해서 10名은 하루도 빠짐없이 나오게 되었고, 스즈끼상 外 日本人들도 심심찮게 찾아왔으며 日高 그리스도 교회의 자매들도 열심히 다녔다.

그 중에 김영기 씨는 마땅히 거처할 곳이 없어 우리

집에 거하면서 서로 상부상조하였다. 아니, 어쩌면 주 안에서 아들이었다고 해도 과언이 아니었다.

나는 예수 그리스도를 더 잘 알고, 더 사랑하고, 더 진실하게 경배하도록 하기에 힘썼으며, 전도된 사람들을 공동체로써 사역할 수 있도록 하기에 노력하였다.

'주님 ……! 모이지 않는 분들에게도 문서를 통해 더욱 많은 분들이 이 성경의 복음의 기초를 깨닫게 되어 마지막 때를 대비하게 하시고, 하나님 나라의 용사들이 되어 기도로써 승리하는 자들이 되게 하소서.'라고 쉬지 않고 기도하게 되었다.

마칠 때마다 서로의 깨달음을 나누는 과정에서 성령님께서 서로의 입술을 통하여 말씀하시는 것을 듣고 보는 시간에 더할 수 없이 큰 보람을 느꼈다. 교회 내에서도 날이 갈수록 공부하는 분들이 많아지는 등 기쁜 나날을 보냈다.

또한 이웃 동네에서 작은 교회를 갖고 계신 가네꼬 선생을 잊을 수가 없다. 신학교를 졸업하시고 성령 충만하시며, 타국에서 고생한다는 나를 위해 음으로 양으로 생활면에서도 도와주시고 학생들까지 소개해 주셔서 큰 힘이 되었다. 국적은 달라도 主 안에서의 교제가 얼마나 귀한지 느꼈으며 생활의 세밀한 부분까지도 신경 써 준 일본인 친구로서 서로 깊은 友情을 나누었다

왼쪽이 이바라기에 살 때 큰 도움을 주시던 가네꼬상

또 한 분 일본 선교 중 만난 귀한 분은 선교사들이 한국에서 모였을 때 강사로 오신 이천수 목사님이시다.

인천 산성교회에서 목회하시는 분으로, 우리나라에서 가장 힘들게 목회하시는 분들을 그 교회에 초청해서 며칠간 기거하면서 영적으로 재충전을 하고 가시게 하는 사역을 주로 하시고 계셨다.

이 목사님의 책을 접하고 너무 공감하여 찾아갔을 때, '내가 우리 집안에 아브라함과 같은 믿음의 조상이 될 것'이라고 격려하셨다. 또한 교회 내에 일본인 숙소를 제공하셔서 처음엔 나와 함께 온 일본인들이 숙식하며 은혜 받을 수 있게 하신 것이, 나중엔 그 교회와 일본 교회와의 다리를 놓는 일에 내가 저절로 동참한 것이 되었다.

이 책을 내도록 인도하시고 용기를 주셨으며 도와주신 분이기도 하다.

동경 김한열 권사님 댁에 방문하신 이천수 목사님

이바라기의 한 교회에서 집회를 끝내고 촬영한 것으로
기억되며 김영기씨도 앞 줄 오른쪽에 보인다.

17. 북한에 대하여

외국에 나가면 애국자가 된다하였던가…….

일본에 있을 때 어느 날, 별로 보지 않던 TV를 켰는데 참으로 놀랍고 슬픈 화면이 나왔다. 언제 어디서 그렇게 상세하게 찍어왔는지 북한의 실상을 방영하고 있었다. 어느 남자 아이가 신발도 신지 않고 맨 발로 길바닥에서 무엇인가를 주워서 먹고 있었다. 몇 년이 지난 요즈음에도 잊혀지지 않고 나타나는 비참한 화면이었다.

북한 정권과 북한 주민은 명확히 구분되어야 한다. 지구상의 어떤 정권도 그처럼 드높은 악명과 허약한 신뢰를 가지고 오랫동안 생존하면서 지원과 양보를 얻어낸 예가 없다. 핵개발 포기 약속을 저버린 북한의 배신은 끝이 나지 않는다.

포옹이다 햇볕이다 하며 너무 오래 참았다.

핵도전은 오히려 통일 기회! 어둠이 깊어지면 새벽이 온다.

북한은 마지막 어두움을 택했다.

어두움의 끝은 통일의 시작이다.

북 핵은 남북의 문제를 넘어서 국제 문제가 되기 때문에 UN제재는 북한을 옥죌 것이라 믿는다. 우리는 통일 후 혼란을 극복할 수 있는 힘도 길러야 하고, 특히 북한 동포를 위해 항상 기도해야 할 것이다.

"나의 기뻐하는 금식은 흉악의 결박을 풀어주며 멍에의 줄을 끌러주며 압제당하는 자를 자유케 하며 모든 멍에를 꺾는 것이 아니겠느냐 또 주린 자에게 네 식물을 나눠주며 유리하는 빈민을 집에 들이며 벗은 자를 보면 입히며 또 네 골육을 피하여 스스로 숨지 아니하는 것이 아니겠느냐"   (이사야 58:6~7)

18. 성경은

  우리 모든 사람을 향한 하나님의 사랑 이야기이며, 우리가 교만하여 그 분의 축복을 거절하는 순간까지도 우리 곁에서 우리를 사랑하시는 하나님의 은총이야기이며, 우리의 매일 매일의 삶 속에 그 분이 임재하시고 계신 실제적인 이야기들이다.

  나는 성경이 처음부터 끝까지 어떻게 그렇게도 완전하게 조화되어 들어맞는지 발견했으며, 하나님께서 나를 사랑하셨고 내 모습 그대로 나를 받아들이신 것을 이해하게 되었다.
  성경을 읽으면서 믿음이 자라게 되었고,
  더 많은 변화가 나에게 있기를 원했다.
  나는 기도에는 능력이 있다는 것을 알게 되었고,
  주님의 음성을 들었다.
  성서에서는 '하나님의 길은 우리의 길과 다르고, 그 분의 생각은 어느 지혜자의 생각보다 높다'고 말한다.
  생의 공허감은 이 세상의 소유물로써는 채울 수 없다는 것을 깨닫게 되었을 때, 하나님께서 우리를 더 큰 목적을 위하여 써 주시기를 기도드렸다.

하나님께서는 지극히 작은 자를 통해서 그 분의 계획을 드러내시는데,

오직 그가 자기 자신의 자아를 주님께 완전히 복종하기까지 계속해서 크고 작은 시련을 수 없이 겪게 하신 후에야 비로소 나타내신다.

다만 내가 살아오면서 매우 침체된 상태에 처할 때마다 오직 하나님을 향하였고, 그 분이 원하시는 대로 나를 써주실 것을 기도드렸다.

단순하고 열렬한 기도에 응답하시는 하나님!

내 일생을 통해 보면 가장 가슴 아픈 사건을 통하여 가장 놀라운 축복이 내게 임하였다. 신실하신 주 하나님께서는 언약을 통해서 자신의 무한한 능력과 부요하신 모든 것을 우리들이 확신할 수 있도록 일깨워 주신다. 그리고 우리 삶의 세밀한 부분까지도 관심을 가지시고 돌보아주신다. 성령께서 역사하시면 시들어버린 화초가 살아나듯 축 늘어진 영혼들이 살아난다. 성령님은 벌레같은 우리의 존재 자체를 가치있는 것으로 바꾸어주신다.

어두운 세상에서

주님 사랑에

나의 모든 것 온전히 맡기고

빛 안에서 생명의 길을 걸어가는 이 평안

벌거벗음같이 아무 것도 없는 몸이지만
십자가의 사랑 안에서
속사람의 풍성한 삶 이루어져
나는 부자이네

무엇이나 알고 계신
전지전능하신 분이 도와주시기에
성령 인도 따라 사는 자는 부족함이 없네!

"비록 무화과나무가 무성치 못하며
포도나무에 열매가 없으며
감람나무에 소출이 없으며
밭에 식물이 없으며
우리에 양이 없으며 외양간에 소가 없을찌라도
나는 여호와를 인하여 즐거워하며
나의 구원의 하나님을 인하여 기뻐하리로다"

(하박국3:17~18)

지난 해 명절에 하나밖에 없는 남동생과 함께

아들, 며느리, 그리고 손녀딸들과 함께

경신교회 장로로 봉사하고 있는 막내사위와 막내딸

큰 딸과 맏사위, 그리고 아들들

일본에서 기약없이 헤어진 후 어렵게 방문한 김영기씨와 딸
춘이

그리스도 안에 무슨 권면이나 사랑에 무슨 위로나 성령의 무슨
교제나 긍휼이나 자비가 있거든 마음을 같이하여 같은 사랑을
가지고 뜻을 합하여 한마음을 품어 아무 일에든지 다툼이나
허영으로 하지 말고 오직 겸손한 마음으로 각각 자기보다
남을 낫게 여기고 각각 자기 일을 돌아볼 뿐더러 또 각각
다른 사람들의 일을 돌아보아 너희 기쁨을 충만케 하라
너희 안에 이 마음을 품으라 곧 그리스도 예수의 말씀이니

(빌립보서 2장 1~5절)

常庵

493 하늘 가는 밝은 길이 (통 545)

그리스도 예수 안에서 함께 하늘에 앉히시니
(엡 2:6)

J. H. Lozier, 19th Century

ANNIE LAURIE: IRREG.
Lady J. Scott(1810-1900)

조금 느리게

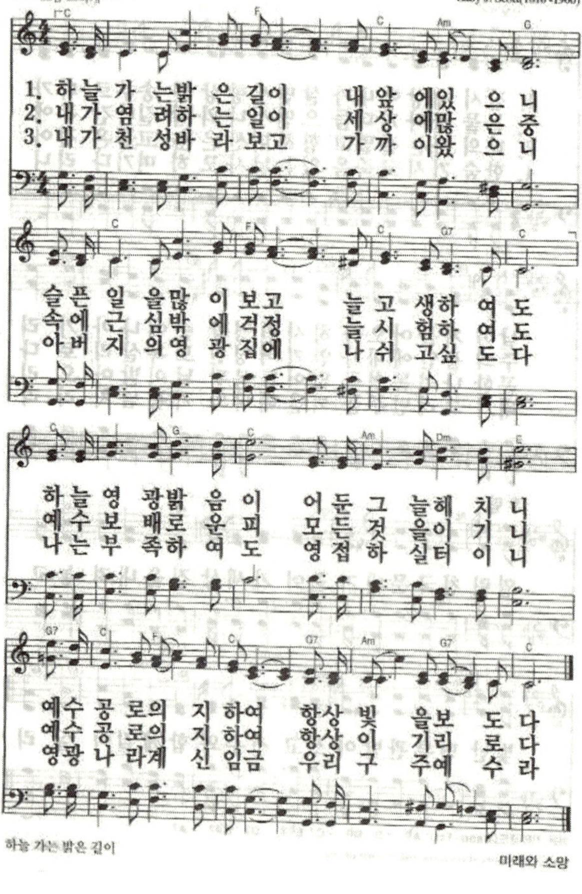

하늘 가는 밝은 길이

미래와 소망

■ 내가 心得한 하나님의 종 최선교사님

김영기

인간이 이 세상에 태어나 여러 가지 환경 속에서 자신의 신앙이나 야망 등 목표를 가지고 분투하며 그 속에서 자기가 정한 것이 가장 올바른 것으로 간주하고 살고 있는 것입니다.

저도 일거리를 찾아 고향(연변의 연길市)에서 떠나 한국과 제도가 다른 일본 땅에 가서 아주 곤란한 과정에서 저의 인생에서 잊을 수 없는(또한 저의 인생의 길을 지도하고 저를 변할 수 있게 해주신)분을 만났습니다.

바로 최정희 선교사였습니다.

저는 최 선교사의 인도로 예수 그리스도를 통하여 하나님을 믿게 되었고 줄곧 선교사님을 따라 6~7년간 믿음 생활을 하였습니다.

6년간 저는 하나님의 사랑을 선교사님을 통하여 알게 되었습니다.

"하나님께 기도를 드리는 것이 우리들의 생명이며,

기도만이 하나님과 통하는 길이며,

기도만이 (성령으로) 사람을 변하게 한다."

최 선교사님이 저에게 항상 하신 말씀입니다.

선교사님과 6~7년간 같이 있는 동안 선교사님의 새벽기도 소리는 저의 귓전에 지금도 들리는 듯합니다.

사심 없이 간절히 하나님을 부르는 그 기도……

그 기도가 저와 많은 일본 영혼(靈魂)을 하나님께 불렀습니다.

사회주의 사회에서 唯物辨證法을 배운, 믿음이 적은 제가 최 선교사님을 통하여 일본인에 사랑을 실천한 이야기-잡귀신이 많은 그 나라에서 복음을 전달하며 고통을 받은 간증 몇 가지를 서술하려 합니다.

1997~2002년 기간 한국의 많은 목사, 선교사가 일본에 복음을 전하느라 많이 오셨습니다. 그 당시 일본에는 최선교사님처럼 일본어를 특히 성경 말씀을 통역, 번역할 수 있는 분은 몇 분 안 되었지요. 물론 사회 비즈니스를 하는 분들은 많았지만 하나님의 말씀을 전달할 수 있는 분은 많지 않았습니다. 그러니 동경의 크고 작은 교회와 복음 전달하려는 목사님들의 통역, 번역이 최선교사님을 통하여 되었던 것입니다.

그리하여 일본 동경에 신학교, 교회가 서게 되어 저도 그 간 선교사님을 통하여 많은 목사님을 만나보게 되었습니다. 이 모든 것이 하나님의 성령의 능력이라면 하나님도 성령도 가장 훌륭한 믿음을 가진 분을 선택하여 사랑과 영광을 나타냈으리라고 믿습니다.

동경의 한 작은 교회에 제가 처음 갔을 때 교회가 어찌되어 분리되어 어떤 성도들은 선교사님을 모시고 다른 교회를 개척하자고 하였습니다. 그러나 최선교사님은 단호히 거절하시고 며칠을 단식기도 하시며, 다시 목사님을 세우고 모든 성도가 다시 모여 찬송과 기도소리로 부흥

하는 교회로 만드셨습니다.

　그런데 한 가지 유감스러운 점은, 제가 일본 교회, 한국 교회를 다녀 보았는데 제가 보는 관점, 견해는 왕왕 한국 교회 성도들의 교회가 좀 부흥될까 하면 서로 질투하고 의견 충돌, 문제가 발생하는 비율이 많다는 것입니다. 이 동경 교회도 예외가 아니었습니다.

　어느 해 가을 11월 쯤 교회에 악마가 들었는지 교회에서 말썽이 있으며 많은 성도들이 교회에 나오지 않게 되었는데 선교사님은 기도와 사랑으로 성도를 대하니, 그것이 어찌되어 교회 주요한 분들의 눈에 나서 선교사님 사시는 집에 전기를 끊고, 물도 끊고, 추운 집에 어둠 속에서 기도하시는 선교사님을 보며 저는 눈물이 날 지경이었습니다. 밤 12시에 이사를 하게 되었는데 교회 분들이 머리 하나 내밀지 않아 선교사님께 불만의 말을 토하니 선교사님께서

　"그들이 몰라서 그러니 탓하지 마라. 이것도 하나님의 그 무슨 뜻이 있을 것이다."라며 말도 못 꺼내게 하셨습니다.

　인간이 이 세상에서 생활하며 자기의 모든 것, 자기의 모든 아픔으로 하나님께 다가가는 사람들이 그리 많지 않을 것이라고 생각되어지며, 이 분이 바로 그런 분이라고 믿습니다.

　한 번은 교회 목사님 심방이 있었는데 저녁 즈음이었습니다. 선교사님은 목사님을 대접한다며 집 근처에 있는

마켓에 가셨습니다. 그 마켓에 가자면 큰 길을 건너야 하는데, 조금 어두워서인지 한 일본 여성이 운전한 승용차가 선교사님을 쳐서 순간에 땅에 고꾸라지셨습니다. 한참 후 선교사님은 일어나 걸어보고 괜찮다고 말하니, 옆에서 보던 많은 사람이 운전하던 일본 여성을 교통경찰에 신고하고, 병원에 모셔가라고 하였지만 선교사님께서 "괜찮다. 별 일이 없을 거다." 고 하며 당황한 기사 외 많은 사람에게

"나는 그리스도 예수를 믿으며 이만한 일은 하나님께서 도와주실 것"이라면서 그 많은 사람에게 하나님을 믿는 사람으로서 하나님 영광을 드러내셨습니다. 그 때 그 주위에 있던 사람들이 이 분이 그리스도 예수의 말씀 전하는 선교사라는 것을 알고 모두 탄복했던 것입니다. 이렇게 자기 몸의 아픔으로 예수 그리스도를 전하는 것, 이것이야말로 하나님을 믿는 성도라고 저는 생각됩니다.

이 세상에 하나님께서 사람을 만들고, 또 자기 아들 예수를 십자가에 못 박혀 죽이고, 다시 부활시키셔서 우리에게 보내신 것은 우리의 죄를 용서하시고 예수님처럼 살라는 것이지요.

저의 작은 소견인지요…….

지금 사회가 고속도로 발전하고 사람의 의식이 부단히 자유화되는 이 사회에 우리 성도들이 초대 교회처럼 될 수 있겠는지요.

그러나 말씀으로 무장하고 기도의 빛으로 사는 믿는 성도는 길에서도

'아 저 사람이 참 된 그리스도인이다.'라고 인정받을 수 있어야 된다고 생각합니다.

한 번은 선교사님이 교회에 가시려고 은행에 가서 돈을 꺼내려고 했는데, 그 날 따라 은행 자동 기계가 제대로 되지 않아 돈이 나오질 않았습니다. 그 때 옆 기계 앞에 있던 한 일본 남성(30~40세)이 보고 도와준다고 하며 카드를 훔쳐가서 은행의 선교사님 계좌의 돈을 몽땅 훔쳐갔습니다. 그리하여 제가 경찰서에 신고하여 감시카메라에 찍힌 그 도둑을 잡았습니다. 그러나 그 때도 선교사님께서는 그를 그냥 보내주며 하나님을 믿도록 복음을 전하시면서, 경찰에게 그를 법에 넘기지 말기를 요구하셨습니다.

이런 저런 하나님의 영광을 나타낸 사실, 일들이 많지만 이 정도만 나타내 보이도록 하면서 인간이 이 세상에서 생활하자면 어떠한 면에서는 자신의 이익을 보호하며, 어떤 사람도 사심이 없이는 이 세상에 존재할 수 없는 것입니다.

나는 사회주의 사회에서 자라 그 문화에 젖어, 神을 그리 믿지 않았으며, 솔직히 지금도 이해할 수 없는 것이 많이 있습니다.

그러나 최정희 선교사님과의 생활 속에서 저는 그 사심 없이 모든 것을 바친 이를 보았습니다.

그 기도 소리
저의 머리 속에
영원히 지워지지 않을 찬송가

그 기도 소리
떠오를 때마다
하나님을 그리고

그 찬송가 들릴 때마다
하나님을 숭배하는
그 모습 그 모습

영원히
하나님과 함께
저의 인생과 함께 하리라

2011년 1월 어느날

■ 어머니의 간증집을 편집하면서

姜令瑞

처음에 책을 내고 싶다고 하셨을 때 나는 빈정댔다.

'속된 말로 士자 들어가는 자식 하나 없는데 무슨 자서전……' 하며 이 세상 잣대로 엄마의 가장 아픈 부분을 찔러댔다. 자식이라는 단어가 엄마에게는 지금껏 가장 풀기 어려운 문제인 것이다.

하지만 평소에 성경을 즐겨 보시며

"내가 욥과 흡사한 것 같다."고 하신 말씀이 뇌리에서 자꾸 맴돌며, 내 생각보다도 훨씬 더 많은 고난과 역경을 이겨내신 것을 알게 되니, 우리 자손들이라도 이 기록을 가지고 있어야겠다는 마음에서 도와드리게 되었다.

지붕 뚜껑 열어 보면 어느 집이나 별의 별 사연들이 많지만, 말년에 - 성경의 선한 사마리아인 같은 맏사위의 보살핌을 받게 되기까지, 실로 파란만장한 길을 걸어오신 것이었음을 다시 한 번 느끼게 되었다.

벌써부터 써 놓으신 원고를 내팽개쳐 놓고 싸돌아다니다가 '2010년 생신까지는 출판 되겠지' 하며 무언가에 쫓겨 바삐 돌아가다 보니 몇 년이 흘렀다.

하나님이 노하셨는지 지난 여름(2010년 7월 5일) 어머니는 경미한 뇌경색으로 쓰러지셨다. 입원하셔서 일주일 만에 퇴원하실 때까지도, 아니 한 두 달간 엄마의 뒷바라지를 맡아 정신없이 살아가며 책을 생각하기에는 여유가 없었다. 퇴원하시고 석 달째 접어들어 어느 정도 예전과 같은 건강을 되찾으셨을 때 나는 까맣게 잊었던 숙제를 생각해냈다.

'그 원고 참 어디 있는 거야……?'
엄마가 찾지 못할까봐 겁이 덜컥 났다.
조심스레 물었고, 엄마는 차분히 책꽂이 한 구석에 꽂혀 있던 낡은 공책 하나를 가져다주셨다.
그 때 내 머리에 퍼뜩 떠오른 생각 –
'하나님이 나에게 빨리 편집해 출판하라고 깜짝쇼를 하셨나? 이렇게 엄마가 원고를 찾을 수 있을 만큼 회복해 주신 걸 보면……'
어쨌거나 나는 연대가 오락가락한 원고를 힘을 다해 바로잡아 출판하기에 이르렀다.

엄마께 드리는 마지막 선물이라 생각하면서…….

성경에 나오는 도마처럼 의심 많은 나는,
어머니의 잉까네이션 사건(?)이 없었다면 아마도 하나님을 믿지 않았을 것이다.
보이지 않으므로 …….

어느 주일인가 내가 다니는 광림교회 김선도 목사님의 설교 말씀 중 들려온 'INCARNATION' 이라는 단어는 내게 너무나도 큰 전율과 함께 또 다른 하나님의 음성이었다.

읽을거리가 쏟아지는 요즈음 …… .

책이라고 부르기엔 너무 미약한 이 글 - 어머니의 입원 소동이 없었다면 영원히 잠자게 되었을지도 모르는 - 이 작은 책이 여러분의 마음에 한 점 휴식과 위로가 되길 바라는 마음 간절하다.

또한 이 책이 책장에 꽂혀져 잊혀지는 책이 아니라,

읽은 후 다음 사람에게 전해져

어머니께서 그렇게 바라시던 전도의 한 역할을 해 낼 수 있기를 바라며,

끝으로 어머니께서 평소 즐겨 읽으시던 욥기의 한 구절을 감히 써 봅니다.

"그대는 하늘을 우러러보라
그대보다 높이 뜬 구름을 바라보라
그대가 범죄 한 들 하나님께 무슨 영향이 있겠으며
그대의 악행이 가득한 들 하나님께 무슨 상관이 있겠으며
그대가 의로운들 하나님께 무엇을 드리겠으며
그가 그대의 손에서 무엇을 받으시겠느냐
그대의 악은 그대와 같은 사람에게나 있는 것이요
그대의 공의는 어떤 인생에게도 있느니라."

(욥기35장5절~8절)